AF475278

ESSAI

SUR

L'ESPRIT POLITIQUE

PAR

LOUIS LA CAZE.

Tout a sa loi.

MONTESQUIEU.

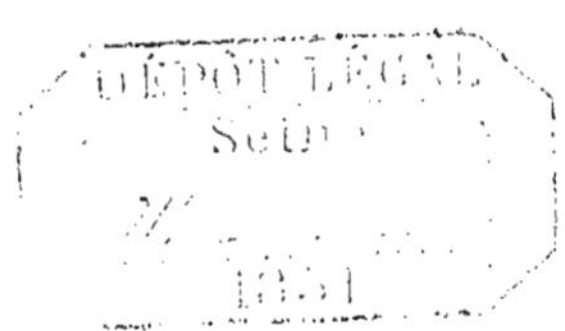

PARIS

IMPRIMERIE D'E. DUVERGER

RUE DE VERNEUIL, N° 6

1851

ESSAI

SUR

L'ESPRIT POLITIQUE

Je m'enquiers de l'opinion politique d'un homme; l'on me répond qu'il a du bien, légitimement acquis, et qu'il jouit de la considération dans sa province; j'insiste sur les idées qu'il apporte dans le gouvernement de l'État.— « Je vous entends, reprend mon interlocuteur; il a cinquante mille livres au soleil; c'est assez dire qu'il est monarchiste et conservateur. » — Soyons certains que ses sympathies seront pour la branche d'Orléans, à moins qu'il ne porte un cimier dans ses armes, et qu'il ne soit par cela seul un champion de la légitimité.

Tel autre est socialiste. Serait-ce qu'une philanthropie imprudente lui fait goûter ces utopies, ou qu'une détestable logique aurait égaré son intelligence? N'en croyez rien. Il est socialiste parce qu'il est prolétaire : socialiste de position, comme nous sommes légitimistes, théocrates, constitutionnels ou conservateurs, comme nous sommes nobles, prêtres ou bourgeois, agitant comme la plupart de nous, sans le discuter et sans le comprendre, le drapeau de sa caste et de ses passions.

Qu'un homme cherche à s'isoler des préjugés de sa naissance ou de sa position; que, se plaçant au-dessus de ses sympathies, de ses espérances ou de ses rancunes, il demande à la raison et à l'étude la règle politique qui doit le guider, nous cherchons dans ses intérêts le motif caché de cette indépendance, et si nous ne trouvons en lui ni quelque ambition, ni quelque haine, ni quelque fin personnelle qui nous explique ce phénomène, nous le classons parmi les rêveurs.

Celui-là a embrassé un parti à un âge où l'expérience et l'étude ne pouvaient pas dicter encore sa détermination : sa conduite politique est un héritage de famille, et il entre à vingt ans dans la voie où le hasard l'a jeté : qu'instruit plus tard par le travail ou par la leçon des événements, il vienne à changer de drapeau, la réprobation publique le flétrit comme un transfuge, et je suis tenté de croire qu'elle a raison, tant il est vraisemblable que ce changement de conviction n'est qu'un changement d'intérêt!

Je cherche, et je ne trouve que l'intérêt sous toutes ses formes, je ne dis pas seulement sous sa forme la plus grossière de l'ambition et de l'argent, mais sous sa forme la plus élevée de l'affection et de la reconnaissance; appelant *intérêt*, suivant le langage des philosophes, tout mobile qui ne repose pas sur une détermination impartiale de l'esprit.

A Dieu ne plaise que j'attaque le culte des souvenirs! Les questions de la morale vivent dans une sphère bien au-dessus des agitations de la politique; mais chacune a son domaine, et quand, devant les tribunaux, la loi récuse certains témoignages lorsque les liens du sang ou ceux de l'affection peuvent en faire suspecter l'impartialité, je ne vois pas pourquoi la chose publique, dans la position d'un accusé toujours en présence de ses juges, ne jouirait pas du même privilége.

Je ne parle pas de quelques rares hommes d'État qui, formés à l'école sérieuse de l'histoire, poursuivent dans le gouvernement des choses un but déterminé. Mais à prendre les masses dans leur ensemble, la statistique des opinions est-elle autre chose que celle des intérêts, des affections ou des instincts? Sondons nos entrailles, nous tous, champions des saines doctrines, et demandons-nous de bonne foi combien seraient au poste où nous sommes, si le sort nous eût fait naître dans un atelier. Autant vaudrait demander, je pense, combien seraient chrétiens, nés dans la synagogue.

Je déteste ce nom que l'on nous donne d'*honnêtes* et de *modérés;* il semble impliquer que nos convictions ne relèvent que nos caractères. Je veux bien que, par une harmonie naturelle, la saine morale soit la compagne ordinaire de la vérité, mais la lutte n'est pas seulement entre des passions; elle est entre des principes, entre ce qui est vrai et ce qui est faux; et s'il suffit aux adversaires de la société d'être des tapageurs de cabaret ou des tribuns de carrefour, ce n'est pas assez pour nous d'être d'honnêtes gens.

Il s'agit de nommer un représentant. Les prétendants ne manquent pas. Dans notre civilisation, la division du travail, qui a morcelé les spécialités jusqu'à l'infini, a laissé la politique dans le domaine commun, et chacun se croit propre à cette tâche : c'est un métier que l'on considère comme une forme de l'esprit de conduite, et l'on affronte bravement l'urne électorale, pour peu que l'on fasse quelque figure dans son endroit.

J'imagine que ce futur législateur, en abordant ces redoutables problèmes, a fait table rase de ses préjugés, sacrifié ses affections et oublié ses haines; qu'il a vécu longtemps dans l'histoire et demandé énergiquement au passé l'explication du présent et de l'avenir. N'en croyez rien. C'est un *homme de bon sens,* éloge banal dont on est prodigue à l'égard des gens qui ne portent pas ombrage. Il n'aura du moins ni système exclusif, ni idées préconçues, et, à moins qu'il ne vienne à changer de nom, de position ou de fortune, il n'est pas à craindre qu'il vienne à changer de théorie, puisqu'il n'en a pas.

Qu'a-t-il étudié? qu'a-t-il lu? De qui relève-t-il en religion, en philosophie, en économie politique? Qu'importe? il est rouge ou il est blanc, conservateur ou terroriste, propriétaire ou travailleur. Ce n'est pas un homme, c'est un chiffre, et il n'exprime rien, sinon le nombre des passions qu'il représente. Contradiction singulière! Nous demandons au physicien qu'il sache la physique, au peintre qu'il sache la peinture, au forgeron qu'il sache forger; au politique nous ne demandons compte que de ses préjugés. De sorte qu'on peut appliquer rigoureusement à cette profession le mot de Larochefoucauld : « Qu'on n'y arrive pas par l'esprit, mais par le caractère. »

Et pourtant que ne voyons-nous pas? De même que la conscience veut avoir raison, même dans ses écarts, et qu'il n'est pas une passion en morale qui ne conduise avec elle un semblant de logique, chacun se prétend en possession de la vérité politique : on discute, on s'échauffe, on se frappe la poitrine, et chaque matin les mille voix contradictoires de la presse viennent apprendre à chacun de nous pourquoi nous sommes de notre parti.

Ne nous y trompons pas : ce besoin d'avoir raison est quelque chose de nouveau dans l'histoire. J'imagine que les anciens champions des luttes féodales, ou que les premiers bourgeois des communes, se souciaient assez peu du droit et de la vérité, et qu'après avoir fait appel, les uns à leurs traditions seigneuriales, les autres à leurs intérêts naissants, ils n'empruntaient pas leurs arguments à la métaphysique.

L'intérêt est toujours le roi de ce monde, mais pour la première fois on exige qu'il soit voilé. Que dis-je? le raisonnement est si habile que l'intérêt lui-même, par le besoin qu'il en éprouve, finit par se croire désintéressé de bonne foi.

Ne serait-ce pas que, pour la première fois, les hommes commencent à soupçonner l'existence d'une vérité politique, et que cette science de l'avenir, se dégageant de l'expérience du passé, s'impose déjà à nos esprits avant de pénétrer dans nos consciences? C'est ma conviction profonde, et je ne doute pas que le sentiment et l'intérêt ne soient un jour bannis de la politique au même titre que la médecine et la chimie.

Les doctrinaires, en plaçant le fondement de la souveraineté dans les droits de la raison, inauguraient en principe le règne de la politique scientifique. Le suffrage universelle, éclos de la révolution, est venu donner tort à ces principes, en substituant le hasard à la science et le nombre à l'autorité. On attaque le suffrage universel comme dangereux, comme sujet aux entraînements aveugles, aux retours irréfléchis, comme alimentant dans les âmes le feu d'une agitation constante. C'est aller chercher bien loin des arguments contre l'absurde.

Je me transporte par la pensée dans ces temps primitifs où la médecine n'était pas née encore, avant qu'Hippocrate ne vînt recueillir et fixer les principes de la science. Un homme tombe malade : on le porte sur la place publique, et les passants sont invités à donner leur avis sur son état. Voilà l'idéal du suffrage universel. Mais la science se dégage insensiblement des observations individuelles, et désormais le traitement des maladies est remis à ceux que des études spéciales mettent à même de les guérir.

Nous traiterions de démence l'aveuglement d'un malade qui, en présence des prescriptions éclairées de l'art, continuerait à vouloir se régler sur les inspirations de la foule, ou qui, pour faire acte d'autorité personnelle, ne voudrait s'en rapporter qu'à lui-même pour se tuer de gaieté de cœur. Vainement invoquerait-il son droit contre le droit supérieur de la raison qui le condamne, et contre celui du médecin qui voudrait le sauver malgré lui. C'est ce même droit de se gouverner soi-même qu'invoquent les théoriciens du suffrage universel, comme s'il y avait un droit contre le droit ou contre la vérité, qui est le seul droit que la raison reconnaisse.

La fin du citoyen n'est pas de gouverner, mais d'être bien gouverné, pas plus que la fin du malade n'est de faire de la médecine, mais de se bien porter. L'abus de ce mot de droit a confondu toutes les notions. Le droit c'est la *vérité*, et la *capacité* est ici-bas son seul interprète.

Le suffrage universel, expression de la politique irrationnelle, ne soutient pas un instant l'examen, s'il se fonde sur l'exercice d'un droit ; si on le considère comme l'expédient des sciences qui ne sont pas encore faites, et comme le seul moyen provisoire d'arriver à la vérité, je ne lui reconnais pas plus d'autorité dans l'examen d'un problème politique que dans la solution d'un théorème de géométrie, et je me résigne à accepter ses décisions comme la voix même du hasard. Déclarons alors que, dans l'incertitude des principes, la raison impuissante doit abdiquer devant les inspirations de la force : je courbe la tête, et je ne proteste plus qu'au nom des femmes qu'une inconséquence inexplicable tient éloignées du suffrage; mais faut-il donc faire si bon marché de notre connaissance de l'histoire, que nous ne regardions pas certains enseignements du passé comme au-dessus des décisions de la foule, et que les grandes idées de la séparation du pouvoir temporel et du pouvoir spirituel, de la liberté de conscience, de l'égalité devant la loi, de la propriété et de la famille, qui sont comme le fond des intelligences cultivées, puissent cesser d'être des vérités suivant les caprices d'une puissance aveugle?

Nous en sommes en politique au point où

en étaient les sciences quand Bacon apparut et quand, chassant les préjugés que dans son langage énergique il nommait les idoles de l'intelligence, il ramenait l'étude des phénomènes à la recherche des lois par l'expérimentation, avec cette notable différence, je le confesse, que, dans ces pures spéculations de l'esprit dont il se faisait le législateur, il se heurtait contre des erreurs, mais non contre des intérêts.

Je sais quelle réprobation s'attache de nos jours à toute philosophie historique. L'inanité des convictions de la plupart des hommes s'est révélée quand, en présence d'une catastrophe récente, on les a vus renier leurs principes, désespérer des idées de toute leur vie, et brûler ce qu'ils avaient adoré, comme si les accidents de la force brutale et une expérience de plus dans l'histoire des dangers de la liberté pouvaient apporter quelque enseignement nouveau dans des convictions vigoureuses. Et que nous sommes loin de ces nobles martyrs qui, sur la fatale charrette, saluaient encore la statue de la liberté ! Il est de bon ton aujourd'hui de se targuer de scepticisme, comme on se targuait jadis de libéralisme et de philosophie. L'esprit public, ami des extrêmes, incapable de se maintenir dans la vérité, a banni le raisonnement par horreur du sophisme. Les théories du sabre sont à la mode : la force brutale est fort encensée, pourvu qu'elle s'emploie à notre service. On oublie trop que, dans ces questions si vivantes, le scepticisme lui-même est une théorie, la plus détestable de toutes, et qu'à l'égal de toutes autres, elle doit porter ses fruits. Triste spectacle que celui de ces retours irréfléchis de l'opinion ! Elle semble se comporter comme ce pendule gigantesque qu'une idée ingénieuse fait servir à prouver le mouvement de la terre. Dieu merci! le globe tourne sous ces oscillations éternelles!

Et quoi! est-ce donc une vaine science que la philosophie de l'histoire? Bossuet et Vico, Pascal et Schlegel ne seraient-ils que des rêveurs, et d'où vient à l'humanité ce goût nouveau de vouloir s'expliquer à elle-même? De même qu'un voyageur, après une longue marche, s'assied sur le sommet d'une hauteur péniblement gravie, et, jetant au loin les yeux sur le chemin qu'il vient de parcourir, mesure du regard la route qui lui reste à faire, l'homme se retourne un jour vers le passé, il découvre certaines tendances générales dans la confusion des événements qu'il a traversés, et, prolongeant dans l'avenir les grandes lignes qu'il aperçoit dans le passé, il inaugure une science nouvelle: science naissante, pleine de périls, de systèmes imprudents, mais s'imposant de nos jours à tout esprit pensant.

Montesquieu l'a dit : « *Tout a sa loi.* » Ces lois sont les rapports nécessaires que la Providence a établis entre les choses du monde moral comme entre les choses du monde physique, en les créant.

La science est la connaissance de ces lois. Les phénomènes ne sont d'abord pour l'homme que des faits isolés sans liens et sans rapports; mais en les voyant se reproduire devant lui, il commence à soupçonner une loi qui les régit. Impatient d'une solution qu'il devine, il s'égare dans des théories prématurées, et la métaphysique, qui est son premier pas dans la connaissance, est aussi sa première erreur, en l'égarant loin de l'observation. C'est à cette phase de la recherche de la vérité que correspondent l'*horreur du vide* en physique, *l'affinité des astres* en astronomie, *le principe du droit divin ou de la souveraineté populaire* en politique. Il reste à cette dernière, à peine échappée aux métaphysiciens du dix-huitième siècle, à franchir comme ses devancières le seuil de l'esprit scientifique pour entrer dans le domaine positif.

Comme la science ne repose que sur l'observation des phénomènes, il en résulte qu'elle est d'autant plus longtemps à naître que les phénomènes se reproduisent à de plus longs intervalles. La loi des éclipses n'a pu être formulée qu'après que la nature, en les reproduisant à nos yeux pendant des siècles, eut, pour ainsi dire, laissé dérober son secret. Que de temps la lampe oscilla dans la coupole de Pise, et la pierre lancée en l'air retomba sur le sol, avant que la loi du pendule et celle de la pesanteur ne fussent connues! En politique, des siècles s'écoulent avant que le fait une fois observé ne se reproduise, telle cause est semée il y a mille ans dont l'effet germe à peine de nos jours, et l'expérience d'aujourd'hui, quelle distance la sépare du moment où l'homme pourra la renouveler dans l'histoire ! Faut-il s'étonner que cette conquête de l'intelligence sur le monde social doive être la dernière, quand les phénomènes ne se reproduisent qu'à de si prodigieux intervalles, et quand, outre la complication du problème, l'observation de l'homme, *experimentum fallax* d'Hippocrate, cette esclave indocile dont Bacon disait qu'il faut lui mettre des semelles de plomb, se trouve en présence d'un élément nouveau, mobile et presque insaisissable, la liberté humaine !

La liberté est au-dessus de toute attaque, et l'esprit de l'homme, en voulant la nier, n'a rien prouvé, sinon qu'il n'est pas de limites au champ de l'erreur; mais c'est un autre aveuglement de s'exagérer le rôle qu'elle joue dans les affaires de ce monde. La liberté elle-même a ses lois, elle s'exerce dans les limites que lui a assignées la nature des choses, et je voudrais expliquer par une analogie délicate avec la philosophie, comment elle me paraît se concilier avec les lois du monde social, sans les anéantir.

Je ne veux pas parler de cette philosophie transcendante qui, franchissant avec Descartes, Leibnitz ou Malebranche les limites du fini, cherche à pénétrer les destinées de l'homme, mais de cette philosophie de Montaigne, de Rabelais et de Molière, plus humble et plus humaine, qui ne discute pas la nature, mais qui l'observe, et à qui l'on accorde cette gloire d'en avoir découvert les ressorts les plus cachés. D'où leur viendrait cette prétention singulière de *connaître l'homme*, si la liberté humaine échappait à l'analyse par sa nature, et si elle ne permettait pas au philosophe de saisir les lois morales qui la gouvernent?

Bien plus, nous le reconnaissons tous les jours, et comme à chaque pas de la vie, par la croyance où nous sommes que les antécédents d'un homme sont un garant de sa conduite, et par la certitude presque mathématique que nous donne la connaissance approfondie d'un caractère, de l'usage que, tel jour et à telle heure, il fera de sa liberté!

Si la philosophie de l'histoire n'est autre chose que la philosophie de l'individu étendue à l'humanité, et elle ne peut être que cela, elle entre au même titre dans le domaine de l'observation.

Je ne veux pas abandonner cette analogie sans essayer de la faire servir à redresser les scrupules peu éclairés de certains esprits re ligieux : ils pensent que l'auteur des choses, contrairement à sa conduite dans l'ordonnance du monde physique, dirige l'humanité comme par la main, que les événements de l'histoire découlent incessamment d'un conseil nouveau de sa providence, et qu'on en chercherait vainement dans la nature des choses la cause et la loi.

A Dieu ne plaise que je veuille nier, pas plus que je ne précise, la part du gouvernement de la Providence dans les affaires de ce monde ! Mais je demande à ces hommes par quelle inconséquence singulière ils goûtent les œuvres des moralistes qui font profession de connaître l'homme et ne leur refusent pas tout accès dans le champ de l'observation morale, au nom de cette influence surnaturelle qui dirige nos actes. Expliquer l'histoire par l'action directe de Dieu, ou l'individu par les influences surnaturelles de la grâce, sont deux tentatives identiques, également opposées à la saine théologie et aux enseignements de l'expérience.

Ne nous représentons pas la Divinité comme mettant incessamment la main à une machine imparfaite dont elle hâte ou précipite les mouvements. Faisons-nous une idée plus haute de sa providence, comme assistant dans l'éternité au développement régulier des lois premières qu'elle a établies, en abandonnant la connaissance aux recherches persévérantes de l'esprit, et n'intervenant dans la succession des effets et des causes que par une participation insaisissable qui n'en trouble pas à nos yeux l'harmonie!

Un grand pas est déjà fait : cette partie de la politique qui s'occupe des intérêts matériels de l'homme est acquise à la science. La production et la répartition des richesses reposent sur des lois qu'il nous a été donné de connaître et de formuler. La vie à bon marché, le bienfait des machines, les conditions de l'offre et de la demande, vainement attaqués par des rêveurs de mauvaise foi, sont des principes qu'il n'est plus permis à un homme d'État d'ignorer. L'esprit scientifique gagne du terrain, et par les problèmes économiques il s'achemine vers les problèmes sociaux dont la solution s'élabore.

Le mot de *science politique* est dans toutes les bouches, mais qui le comprend? Vaine science, me dit-on, stérile spéculation de l'esprit! Parlez-moi des *hommes d'affaires* et des caractères pratiques! « Savoir manier les hommes, être fécond en expédients, aviser au plus pressé, reculer les difficultés, vivre au jour le jour, voilà l'œuvre de l'homme d'État. »

Nul ne redoute les rêveurs et ne respecte les hommes pratiques plus que moi ; mais à des préventions excessives je voudrais répondre par un mot sur la *théorie* et la *pratique*, ou sur la *science* et sur *l'art*.

La notion de ces mots est confuse de nos jours, et je crois à propos de chercher à la dégager de ces nuages. La science ou la théorie est la connaissance des lois, l'art ou la pratique est l'application de la sience aux besoins de l'homme; mais de l'existence de la première, il ne faut pas conclure à l'existence du second. Telle science, comme l'astronomie, repose sur des lois mathématiques, sans qu'un art correspondant à cette science permette à l'homme de l'approprier à ses besoins, en dirigeant les phénomènes dont il prévoit le retour : c'est là l'erreur des gens qui nient l'existence de la médecine, en tant que science. Quand bien même le médecin n'aurait pas plus de prise sur les maladies que l'astronome sur les éclipses, les lois de la vie et de la mort n'en resteraient pas moins connues, et il n'en faudrait rien conclure, sinon que *l'art* médical n'existe pas. Je conçois la science sans l'art, mais un art qui ne repose pas sur une science est à mes yeux un mot vide de sens. Que serait la musique sans l'harmonie, la statuaire sans l'anatomie, la peinture sans la perspective, la *pratique*, en un mot, sans la *théorie*? Dans tout artiste je trouve un savant, hormis dans l'artiste politique qui croit pouvoir se passer de science et gouverner les États avec sa fantaisie.

Un tel, dites-vous, est excellent médecin : quelle sûreté de coup d'œil et quelle dextérité de main! Voilà pour l'artiste : mais que seraient ces facultés personnelles sans la connaissance de l'organisme? Vous dites également d'un homme qu'il est bon politique et qu'il apporte dans le gouvernement des choses un art merveilleux. J'admire avec vous son jugement et son adresse qui sont comme le diagnostic du praticien, et je me félicite de ces qualités naturelles; mais je lui demande compte de la science qui est la base de cette habileté, et des principes de cet art qu'il professe; car s'il existe un art politique, il dérive d'une science politique, ou il n'est rien.

Nulle part, à mon avis, il n'entre plus de superstition que dans les jugements portés par le vulgaire sur les hommes d'État. La gloire du peintre, du sculpteur ou du musicien repose sur des œuvres palpables et permanentes, et pour ainsi dire sur des titres que chacun peut venir consulter à toute heure. Il n'en est pas de même de l'œuvre que les politiques laissent après eux, et cette gloire, que le commun des hommes leur décerne, est un tribut peu raisonné qu'ils leur paient par habitude et par tradition.

J'ai toujours pensé que les hommes d'État

vraiment dignes de ce nom devaient être estimés en raison de l'intelligence qu'ils ont eue de leur temps et du rôle que la nature des choses leur assignait dans le plan général de l'histoire. Charlemagne me paraît avoir été un grand politique, non pas pour avoir réalisé l'empire universel, mais pour avoir arrêté l'invasion et comme donné la France à elle-même; Louis XI pour avoir émancipé le pouvoir royal; Richelieu pour l'avoir affermi; Napoléon, non pas pour avoir asservi la fortune, mais pour avoir organisé le chaos. Je fais peu de cas de ces tours de force du génie, qui étonnent l'humanité sans la servir, qui n'ont pas aplani la route devant elle, ou soutenu quelques-uns de ses pas dans cette marche que Dieu lui a assignée.

Richelieu et le cardinal de Retz me semblent offrir un saisissant exemple du véritable et du faux homme d'État.

La gloire de Richelieu est d'avoir jugé son temps comme la postérité, d'avoir compris que la prochaine apogée du pouvoir absolu était dans la nature des choses, et d'en avoir assuré le triomphe avec une implacable énergie.

L'erreur de Retz est d'avoir parlé trop tôt au nom de la liberté : il voyait se briser aux pieds du trône la dernière résistance de l'opinion, et, par une illusion facile à comprendre, il s'alarmait de cette omnipotence dont il cherchait à contrarier l'irrésistible avènement.

Le temps a prouvé que Richelieu était avec la vérité : continuateur de Louis XI et précurseur du grand roi, il a compris son temps et accompli son œuvre; il n'apparaît pas seulement dans l'histoire comme une éclatante image du génie, mais comme l'anneau régulier d'une chaîne reliant à travers les siècles le pavois de Clovis au sceptre de Louis XIV.

Cent ans plus tard, Retz eût été un grand homme, lorsque l'humanité, après cette halte du dix-huitième siècle, s'élançait, au nom de la liberté, vers des destinées nouvelles. Intelligence fourvoyée au sein d'événements qu'il ne comprenait pas, Retz est un homme sans mission, c'est un artiste qui a prodigué en pure perte les ressources de son caractère et les merveilles de son esprit. Il meurt oublié de ses contemporains et reste, pour la postérité indifférente, l'idéal des agitateurs stériles.

J'emprunte souvent mes analogies à la médecine, et ce n'est pas sans raison; c'est une science, comme la politique, intermédiaire entre ce que les physiciens nomment la statique et la dynamique, entre l'esprit algébrique et ce que j'appellerai l'esprit inexact, entre la fixité de la théorie et les difficultés de la pratique. Nulle part les lois ne sont mieux connues, et nulle part l'homme ne joue un rôle plus important dans les applications qu'il en fait. J'ajoute que c'est par excellence la science de l'observation, et à ce double titre je la crois féconde en enseignements dans la matière qui nous occupe.

Ce mot de *corps social* que nous donnons comme par instinct à l'ensemble de l'État, qui sait jusqu'à quel point il n'exprime pas une idée ingénieuse et profonde, si les peuples n'ont pas une enfance, un âge adulte, une vieillesse et une fin, si des perturbations naturelles et comme des maladies spéciales ne s'attachent pas à chacune de ces périodes. Tel malaise de l'humanité est peut-être une de ces crises de la jeunesse dont il faut faciliter l'essor, bien loin de le comprimer; tel autre a ce caractère pernicieux dont il faut prévenir les accès en l'anéantissant à sa source. Ne distingons-nous pas dans la vie des nations, comme par de vifs aperçus, la surabondance de la vie et les langueurs de l'épuisement, l'activité féconde et l'agitation fébrile? Ne serait-il pas rigoureusement vrai de comparer certains théoriciens absolus à ces empiriques appliquant leur panacée en dépit de l'âge, du tempérament et des antécédents de leurs malades? L'exemple de la médecine ne serait-il pas là pour nous apprendre que les maladies du corps social doivent être traitées à leur début, et que le moment est bientôt venu où il est *trop tard* pour les guérir!

Il fut un temps où les hommes, entrevoyant dans les corps du monde physique certaines affinités et certaines tendances à se combiner entre eux et à former des produits nouveaux, se consacraient avec une passion inouïe à la recherche de ce qu'ils nommaient la *grande œuvre*. Il n'est pas de pratique si bizarre qu'ils n'employassent dans leurs opérations. Les uns, courbés sur leurs creusets, prononçaient des paroles magiques ; les autres enterraient sous le pilier d'une église un rayon de soleil qui devait se transformer en or.

On les appelait les alchimistes. Ce phénomène se reproduit de nos jours dans les choses du monde social. Certains fanatiques, au lieu de s'avancer prudemment dans les sentiers de l'observation, s'abandonnent à des rêves insensés, et, dédaignant d'amasser lentement les matériaux de la science, ils se livrent en politique à la recherche de l'absolu. Chacun d'eux a ses formules sacramentelles, son grimoire spécial et ses évocations favorites ; car il est rare que deux imaginations se rencontrent dans le royaume de l'utopie.

Ce sont les Flamel, les Zéchielé et les Averroès de notre temps. Il n'est pas un de ces rêveurs qui ne parle des procédés de son voisin avec ce mépris et cette assurance d'un homme qui a le secret de la pierre philosophale, et à qui il ne manque qu'un peu de temps pour vous la montrer. Dirai-je que, par une dernière analogie vraiment saisissante, chez eux comme chez les alchimistes, l'amour de l'or est le fondement principal de leur amour de la vérité?

Ce sont les socialistes.

Suppléant à la science par la passion, ils sont descendus dans l'arène des luttes politiques et ils ont mérité la haine des honnêtes gens. C'est un lieu commun de dire, parmi les hommes qui se paient de mots, que le socialisme n'est que le réveil de cette vieille haine de la misère contre la richesse dont l'histoire nous offre des exemples dans tous les temps. Ne nous y trompons pas : la jacquerie du moyen âge n'a jamais eu ni théorie, ni enseignement, ni apôtre : toute analogie tirée de Rome ou de la Grèce n'est qu'un jeu d'esprit ; il y a là quelque chose de plus que l'explosion des appétits et des passions brutales.

Aux yeux du philosophe, le socialisme est un symptôme de cette tendance de l'esprit scientifique à prendre possession du monde social. L'alchimie a été la fausse science de la chimie, comme le socialisme est la fausse science de la politique. Ces rêveurs de même sorte ont éveillé l'attention des hommes sur les problèmes qu'ils prétendaient résoudre. Les socialistes ont tout attaqué ; il nous a fallu tout défendre, et nous rendre un compte exact à nous-mêmes de ces convictions que nous portions en nous : nos principes les plus intimes ont dû sortir du domaine confus de la conscience et du bon sens pour revêtir les armes de la discussion, et venir combattre comme en champ clos des théories fantastiques.

Toutes les conditions de la vie des peuples ont été mises en question, depuis l'assiette de l'impôt jusqu'au foyer domestique; et ne voyons-nous pas déjà sortir de ces luttes la famille plus assurée, la propriété plus affermie, la religion plus respectée, en même temps que des exigences nouvelles s'imposent à nos méditations? Telle est la destinée de l'esprit humain, que ses écarts mêmes lui sont profitables, et tel est le service que ces amis de l'erreur rendent comme malgré eux à la cause de la vérité.

Il nous importe de ne pas leur laisser ce titre qu'ils affectent d'être les sentinelles avancées de l'avenir, et de marcher nous-mêmes à la tête des idées fécondes en portant dans l'étude de l'histoire ces deux flambeaux qui leur manquent, l'esprit scientifique et l'esprit chrétien.

J'ai parlé de l'esprit scientifique, je voudrais dire quelques mots de l'esprit chrétien.

Lorsque j'assimilais les lois du monde social à celles du monde physique, je me réservais d'établir la différence essentielle qui les sépare et qui est comme le second élément du problème. Je veux parler de la *chute* et de la *réparation.*

Le monde physique a été créé tout d'une pièce, et abandonné, dès le principe, au développement régulier de ses lois. La religion, d'accord avec la saine philosophie, nous enseigne qu'il n'en est pas ainsi de l'homme ; que, déchu dans sa nature à l'origine du monde, il a vu son intelligence s'obscurcir par son éloignement progressif du Créateur, et qu'une intervention divine, comme une création nouvelle, a dû venir le relever de cet abaissement.

La chute et la réparation sont elles-mêmes des *lois* de l'histoire : les rationalistes de notre temps, pour les avoir méconnues, ont étrangement dénaturé les choses, et leur système du *progrès continu* est la plus inconcevable de leurs erreurs. Par quel systématique aveuglement ont-ils pu signaler les progrès de l'esprit humain dans les temps antérieurs au christianisme, quand les traditions universelles de l'âge de fer succédant à l'âge d'or et toutes ces preuves vivantes d'une décadence progressive venaient porter témoignage contre leurs doctrines!

Et quand, après les ténèbres du moyen âge, l'esprit, merveilleusement fécondé, s'élance avec cette inconcevable énergie vers les conquêtes de la philosophie, des sciences et des arts, où trouveront-ils le secret de cette renaissance, sinon dans la réparation qui est venue retremper l'esprit humain à sa source?

Un historien illustre, cherchant dans l'étude des faits purement humains le secret de la civilisation moderne, s'arrête devant le mouvement sans exemple de l'affranchissement des communes. Il sent que la chaîne est rompue entre l'esprit ancien et l'esprit nouveau; essayant vainement de la renouer, il ne pénètre pas au delà des causes secondaires, et prouve, par son impuissance, que le principe même de la civilisation lui a échappé!

Nos philosophes ne nient pas ouvertement l'influence du christianisme; mais le reléguant en dehors des faits avec un respect hypocrite, ils tentent, à ce qu'ils disent, d'éclairer l'histoire par la simple succession des événements. Tentative de gens qui, sans nier la création, expliqueraient par hypothèse comment la matière aurait pu sortir du néant par ses propres forces. Étrange sagacité qui, dans une machine, voit tout, hormis le moteur!

Hommes à courte vue, quand remontant de Mirabeau à Voltaire, de Voltaire à Luther, à Abeilard et à Jean Hus, vous me faites suivre pas à pas l'émancipation successive de l'homme dans l'histoire, vous ne m'expliquez pas d'où lui vient dans le principe ce sentiment nouveau de sa dignité et cette conscience de sa force; et quand vous prétendez en trouver le germe dans la sauvage indépendance du barbare, vous vous raillez de nous! L'idée chrétienne vous ferme toutes les issues pour vous convaincre d'erreur.

En dehors du dogme de la chute, l'antiquité vous a échappé. En faisant des temps anciens les précurseurs des temps nouveaux, vous avez violé les faits et dénaturé le plan même de l'histoire.

En dehors du dogme de la réparation, la civilisation moderne vous échappe. Étrange aveuglement! Vous êtes les apôtres du progrès dont la notion même vous serait inconnue, si le christianisme ne vous enveloppait à votre insu de toute part, de même que des hommes embarqués sur un fleuve rapide ne s'apercevraient pas du mouvement qui les entraîne, s'ils ne fixaient sur le rivage un point immobile!

Mais je veux dire, ô philosophes, quel mal plus grand vous avez fait à la cause de la vérité : vous avez brouillé le christianisme avec la philosophie!

Depuis soixante ans, votre rationalisme privé de l'inspiration chrétienne a égaré les intelligences, affaibli les caractères, ébranlé les convictions et rendu la tâche des gouvernements impossible, en leur livrant des ambitions sans frein, des égoïsmes sans compassion, des souffrances sans résignation, des droits sans devoirs, des désespoirs sans espérance. Pour n'avoir pas compris que la cause du christianisme était jointe à la vôtre, vous avez préparé ces détestables doctrines qui épouvantent notre époque et devant lesquelles vous reculez !

Et pendant que vous bannissiez le christianisme de la civilisation, que faisait-il ? Par de naturelles représailles, il vous en chassait à son tour. M. de Maistre fut le magnifique champion de cette réaction de la foi contre l'orgueil. Vous aviez déifié l'esprit de discussion, il déifia l'esprit de soumission ; vous aviez exalté la révolution dans ses excès les plus coupables, il la nia dans ses plus belles conquêtes. Vous aviez excusé la terreur, il applaudit à l'inquisition;

vous prêchiez les théories de l'avenir, il chanta l'hymne du passé. M. de Lamennais après lui, faisant l'essai de ses forces dans les théories extrêmes, ébranla tous les fondements de la certitude quand elle ne reposait pas sur la foi. On vit alors l'esprit chrétien, de peur de se rencontrer avec l'esprit philosophique son rival, placer tous ses regrets et toutes ses espérances dans un passé à jamais évanoui. Les esprits religieux furent conduits à penser, sur la foi des maîtres, que l'humanité avait fait fausse route depuis le seizième siècle, qu'il fallait la ramener à tout prix dans les voies du moyen âge, et que cette émancipation de l'esprit était le prélude d'une décomposition universelle. La forme transitoire de la théocratie fut regardée comme le dernier mot du christianisme, et l'on parut assimiler une religion de vérité à ces constitutions antiques qui, fondées sur le préjugé et l'aveuglement, voyaient dans le développement des lumières le premier symptôme de leur décadence.

Je pense qu'il est temps de sceller la réconciliation entre l'esprit philosophique et l'esprit chrétien, dont l'accord peut seul porter la lumière dans ces temps de confusion. Que la philosophie orgueilleuse, en présence des dangers qu'elle a fait naître, s'abandonne à ce mouvement salutaire qui la ramène aux enseignements de la religion ; que le christianisme se reconnaisse dans l'histoire le père de cette civilisation qu'il redoute, et bien des difficultés seront aplanies, bien des ténèbres dissipées. A ces hauteurs l'idée de progrès est ramenée à sa notion véritable, et l'énigme du socialisme est résolue ; il apparaît comme la tentative d'esprits réactionnaires cherchant à confisquer les conquêtes de l'esprit moderne au profit de l'idéal des sociétés antiques, et comme la négation même du progrès.

Là me paraît être la fusion profitable et le point de ralliement de ce qu'on appelle les amis de l'ordre et les défenseurs de la société; il faut un lien entre ces soldats et une conviction à cette croisade!

C'est notre œuvre d'y travailler, à nous que les circonstances tiennent éloignés des luttes politiques. Le jour où l'on descend dans l'arène, il faut abdiquer bien des rêves, transiger avec bien des théories, faire bien des concessions à la pratique. De nos jours, le siége du représentant n'est pas un poste de réflexion, mais un poste de combat; la science s'efface devant l'art, et l'on cesse de s'appartenir du jour où l'on se donne à un drapeau; la discussion cesse d'être un flambeau pour devenir une arme : on se trouve en présence d'adversaires qu'il ne s'agit plus de convertir, mais de maîtriser; de problèmes qu'il ne s'agit plus d'analyser, mais de résoudre; la passion répond à la passion, et la défense à l'attaque; mais le conservateur de bonne foi, dont j'ai cherché à esquisser le modèle, porte en lui-même cette consolation de tous les sacrifices, de toutes les haines, de tous les mécomptes : la conscience de servir la cause de la vérité.

BIBLIOTHÈQUE NATIONALE R.F. IMPRIMÉS

Paris. — Imprimerie d'E. Duverger, rue de Verneuil, 6.

www.ingramcontent.com/pod-product-compliance
Ingram Content Group UK Ltd.
Pitfield, Milton Keynes, MK11 3LW, UK
UKHW021024200726
13857UKWH00004B/1564